ほっとして、リラックスして、
ポジティブに変身！

イラスト版

# 気持ちを整理すると「いいこと」がいっぱい起こる！

植西 聰
Uenishi Akira



三笠書房

はじめに

# 今すぐ幸せになれる最高の方法

## 心にため込んだ怒りは、どんどん捨てよう！

ドロ水が入ったバケツに、キレイな水を足したらどうなるでしょうか？

汚れた水がいっぱいに入ったバケツの中に、いくらキレイな水を足してみても、汚れた水が溢れるだけで、水はなかなか透明にはなりませんね。

新鮮なジュースも、飲み残しが入ったままの汚れたグラスに注いでは、美味しく飲むことはできません。**バケツの中の水をキレイにするには、汚れた水を一度捨ててから、キレイな水を注ぐほうが、早くキレイになります。**美味しいジュースを味わうにも、グラスの中は常にキレイにしておかなければなりません。それは、人の心も同じ。

「幸せになりたい。楽しく充実した毎日にしたい！」と願って、がむしゃらにいい情報やいい習慣を取り入れてみても、心の中が後悔や悲しみでいっぱいだと、なかなか現実的な効果

は現れません。心にたまっているマイナスのパワーに打ち消されてしまうからです。では、どうしたらいいのか？

## ヒントは無意識に使っている言葉の中に！

「出入り」「出納《すいとう》」「呼吸」「ギブ&テイク」といった言葉を見ると、面白いことにみんな「出すこと」が最初にきています。出せば自然に入ってくる――それが自然界の法則です。

ですから毎日を笑顔で暮らすには、まず、**心の中にあるマイナスの感情を捨てることが大切**なのです。

本書ではそのノウハウをあますところなく紹介していきます。

今週もやっと終わったね！
カンパーイ！
昨日また同僚とケンカしてさー
じゃあ！
距離を取るのが一番だよ
私は仕事が忙しくて…
ファンクラブ限定DVDの予約忘れたの
アイドル「ターキー&つばめ」
きっと!!
その代わりにコンサートのチケット当たるよ〜！
私はダイエット始めたのに
1週間で0.5kgしか減らなくて挫折しそう…
食ってんじゃん
バクバク
いやいや!!!
ということはこのままいけば1カ月で2kg減るじゃん！

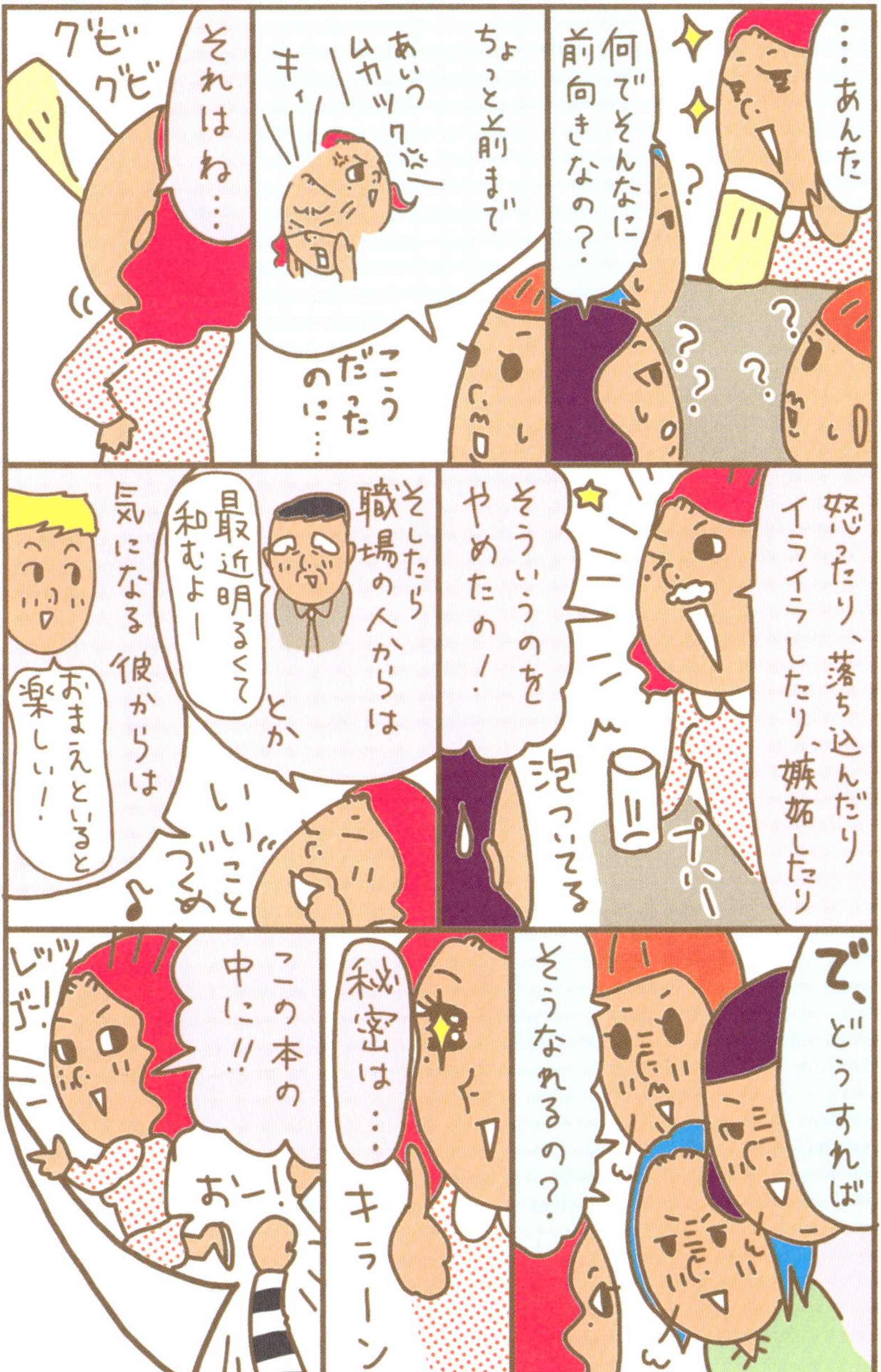
…あんた
何でそんなに前向きなの？
ちょっと前まで
あいつムカツクだー
キィ
こうだったのに…
それはね…
グビグビ
怒ったり、落ち込んだりイライラしたり、嫉妬したり
そういうのをやめたの！
泡ついてる
プハー
そしたら職場の人からは
最近明るくて和むよー
とか
いいことづくめ
気になる彼からは
おまえといると楽しい！
で、どうすれば
そうなれるの？
秘密は…
キラーン
この本の中に!!
レッツゴー！
おー！

## 第1章 心をピカピカに大掃除すると「いいこと」いっぱいの人生に変わる！

## 第2章 ポジティブ&強運に変わる「とっておきの習慣」!

## 第3章　もう「困った人」に振り回されない！　強い心に変わるコツ

# 第4章

# フワッと心がラクになる！　癒しの「心理セラピー」

イラスト：比恵島由理子（デジカル）
本文デザイン・DTP：デジカル

# 第1章

# 心をピカピカに大掃除すると「いいこと」いっぱいの人生に変わる！

- 「自分は強運！」と信じたらどうなる？
- 曖昧《あいまい》さ、未熟さを受け入れる器を持とう
- この知識が、心をダメージから守る！

会社の新人くんはうっかりミスが多くて
指導係の私は最近怒ってばかり
ついキツイ言い方になって
怖がられるから打ちとけられてないんだよな〜
課長！
××さんからお電話です！
課長
××さんかー今いないって言っておいて
とりこみ中
はい！
もしもし！
「今、いない」と申しております！
ブッ
ちょっと！
こんなとき今までの私は感情的に怒ってばかりだった…
萎縮
しゅんしゅん
そうだ
これからは注意した上で
ぴしっ
どうしたらいいかを考えよう
これを読んで実践あるのみ！
でんわマニュアル
はい！
そうしたら
ちょっと心を開いてくれて
先輩、よかったらコレどうぞ
すっ
？
プリン
コレは！超限定おとりよせなめらかプリン券
食べたかったの
僕、使わないんでよかったです〜

休日
というわけで
ぷるん
気持ちを前向きにしただけで
ラッキーが来たの！
友人
なるほどーー！
ごちそうさまー
また来てね〜
仕事ばりばりやっててすごいなー
平日、会社
私なんか
仕事はそこそこだし
趣味も飲みに行くくらいだし
落ちこみモード
ねえねえ
はい先輩
今度の課の飲み会のお店を選んでほしいんだけど
いいですよーー
よかった！あなたいつもいいお店選んでくれるから楽しみにしてる！
そうかこれって
私の魅力なのかも！
飲み屋選び♥
そう考えるだけで
なんか気持ちが軽くなってハッピー♪
今日飲み行く人ー！
行くー

1

# 感情にも、「引き寄せの法則」は働いている

プラスの感情は、さらなるハッピーを引き寄せる！

## プラスの感情とは？　マイナスの感情とは？

プラスの感情というのは、喜怒哀楽でいうと「喜びと楽しさ」に代表される、自然と笑顔になるような感情です。マイナスの感情は、「怒りと悲しみ」に代表されるもの。イライラやムカムカは怒りの一種ですし、後悔や自分のことを情けないと思う気持ちは、悲しみの一種です。こうした感情は、生まれてはやがて消えてなくなる〝一時だけのもの〟のように思えますが、決してそうではありません。**実は、プラスの感情もマイナスの感情も、どちらも毎日少しずつ、その人の心の中に蓄積されていく性質のものなのです。**

そして蓄積されたそれぞれの感情は、まるで磁石のように、そのレベルにふさわしい出来

事を引き寄せます。簡単にいえば、心にプラスの感情がたまっている人には、さらに嬉しくて楽しいプラスの出来事がやってきて、マイナスの感情が多くたまっている人には、さらに怒りたくなる悲しいマイナスの出来事がやってくるのです。

## 「泣きっ面に蜂《はち》の法則」

そう、悔しいけれど、**誰かのことを憎み、ムカつくと思っているうちは、自分がハッピーになることは難しい**のです。恨んでいたら、損をするのは自分であり、これを見事に表しているのが、「泣きっ面に蜂」という諺《ことわざ》です。あなたの人生も例外ではありません。心の中にプラスの感情が増えれば、運命はすぐに好転していきます。

## 2

# 「思い込み」のパワーのすごさを知る

気の持ち方で、運命はこんなに変わる

### 本当にあった、ある死刑囚の怖ろしい話

１００年ほど昔のことです。ある国の健康な体に恵まれた死刑囚が、ある医者の実験に協力することになりました。その実験とは、「人間の全血液量は体重の10％といわれているが、本当にそうなのか証明する」というものでした。間もなく実験がはじまりました。

目隠しをされてベッドに横たわった死刑囚は、足の指先に血液を抜き取る特殊な器具をつけられました。足元には抜き取った血を入れる容器。ポタッ、ポタッ……、血のしたたる音が響く実験室で、死刑囚は１時間ごとに出血量を告げられます。

そして実験開始から５時間が経過し、出血量が体重の10％を越えたと医師が報告したとき、この死刑囚は死亡してしまいました。ところが！　この実験にはカラクリがありました。実は、死刑囚の血は1滴も抜かれていなかったのです。ただの水滴が落ちる音を聞かせ、血を抜いていると思わせていただけでした。それなのに死刑囚は、「体中の血が抜けて、自分はもう死ぬ」と思い込んで、本当にショック死してしまったのでした。

## 「自分は強運！」と信じたらどうなる？

実際に、「私は最高にポジティブだ！　魅力的だ！」こういう思い込みを持った人は、面白いほど強運で魅力的になっていくものです。だからまずは言葉から変えてみましょう。**事実がどうであれ、「私はやっぱり運がいい！」と、口にしたほうがトクなのです。**

# 3 「いいこと」ばかり続く人生にするには？

罪悪感のワナに気をつけて！

## まず〝幸せへのパスポート〟を発行しなさい！

人間、あまりに「いいこと」ばかりが続くと、「最初のうちは素直に喜べているけれど、そのうち喜べなくなってしまう」という心理が働くことがあります。

幸運が何度も続いたあとに少しアンラッキーなことがあると、「やっぱり『いいこと』ばかりは続かないなあ」と苦笑しながら、「でも、もっと大きな不幸がやってこなくてよかった」と、ほっとしたことが、あなたにもあるかもしれません。人間には、「将来も幸せが続いて当然」「今が幸せなら、この先もずっと幸せが続く」と考えるのが苦手な特性があり、心のどこかで自分が不幸になることを求める傾向があります。

これを心理学用語で、**無意識的な〝罰への欲求〟**といいます。アメリカの心理学者E・ディヒターも、人の心には常に、快楽と罪悪感が同居しているといっています。しかし私は、

この〝幸運が続くと罰への欲求という心理が働くこと〟を知っていれば、そして**「自分は幸せになっていい」**と思うことができれば、「いいこと」ばかりが続く人生にすることも可能だと考えています。

## もっと図太くなっていい！

「いいこと」が続いたときに不安に思ってしまうと、心にマイナスの感情がたまり、マイナスの出来事を引き寄せてしまいます。ですから**素直に感謝して喜び、「次はもっと『いいこと』が起きるといいな！」と明るく思っておいたほうがいい**のです。心に常にプラスエネルギーを充足して快のエネルギーを多くしておく。これで幸運が長く続くのです。

# 4 マジメになりすぎない。厳しくしすぎない。白黒つけない

大人は、「60点でOK」と割り切ることができる！

## 曖昧《あいまい》さ、未熟さを受け入れる器を持とう

「あなたのちょっとドジなところ、愛嬌《あいきょう》があっていいと思うよ」

他人に対してはこう優しくいえるのに、自分自身がドジなのは許せないという人は、意外と多いものです。**他人を許すように、自分も許してあげましょう。**また、他人が頑張ったときにほめてあげるように、自分が頑張ったときも、思い切りほめてあげていいのです。

気持ちの整理がうまい人は、考え方がほどよく大ざっぱで、ほどよく曖昧さを受け入れることができます。何事にも100%の完璧さを求めていません。マジメな人ほど、何にでもハッキリ白黒つけたがり、敵と味方を分けたがり、**「こうであるべき」「○○すべき」**と考え

て、自分を厳しく追い込んでしまいます。完璧主義だといわれたことのある人や、自分はそうだと思い当たる人は、**「ま、いっか！」「なんとかなるさ！」**というフレーズを口ぐせにして、気持ちを大らかモードに切り替えるといいでしょう。白黒つけないことが大事です。

## 「ま、いっか！」でネガティブ思考を強制終了

頑張ったのに仕事や勉強の成績が悪かったときなどに、「まあいいや！　次回また頑張ろう」と思うことで、はてしなく落ちていく気持ちに歯止めをかけられます。

「悪口をいわれているかも!?」と、疑心暗鬼になったときも、**「嫌われているかもしれないけれど、まあ、いいか。100％好かれる人なんていない」**といえば、気持ちは軽くなります。

## 5 「わかり合えないのが当たり前」だから安心して！

「察しろ」なんて無理な話！

### 親子、パートナー……近い人に期待してしまう心理に注意

人は誰でも、自分のことを理解してほしいと願っているものです。

しかし、その気持ちが強すぎて、「あの人は、私のことをちっともわかってくれない」というのが口ぐせになってくると、少し問題です。「自分のことを、すべてわかってほしい」という気持ちが強すぎると、必ずストレスが生じるからです。もともと、どんなに近くにいる相手でも、自分以外はすべて他人。恋人はもちろん、家族だってそうです。

あなたの本当の気持ちは、あなたにしかわからないのです。そう考えると、「わかってもらえない」ほうが普通なのであって、**少しでも気持ちを理解してもらえることがあったら、**

それだけで**十分ラッキー**だと思えてきますね。

## 違いを嘆くのではなく面白がる。それが人間関係をよくする！

「すべての人にわかってもらおう」とか、「いわなくても察してほしい」というのも、とうてい無理なことです。価値観は人それぞれですから、もしすべての人にわかってもらおうと思えば、あなたは自分らしさを抑えて、万人に通じる話し方や説明をするしかありません。

「他人なんだから、意見が違って当たり前。わかってもらえなくても仕方ない」という大前提に立つことで、日常のストレスは激減していきます。**そしてわからないのが当たり前だからこそ、なんとかして伝えようとする真摯な姿勢が、好感を呼ぶのです。**

6

# あきらめて「逃げていいとき」もある

悪いのは相手。なのにこちらがイライラしてしまうときは？

## ストレスの元から、離れてみよう

ある女性は、以前付き合っていた彼が、貸したお金を返してくれないので、しょっちゅう催促の電話をかけては口論していました。それが彼女のストレスになっていました。

しかし、あるとき、元彼のせいで自分がストレスをためるのは損だと気づき、貸したお金はすべてキッパリあきらめることにしました。そして元彼の電話も着信拒否に。その瞬間、彼女は心がスーッと軽くなり、もっと早く見切りをつければよかったと思ったそうです。

その数日後――。数カ月前に応募していた懸賞の当選通知が届きました。驚くことに、元彼に貸していたのとほとんど同じ額の商品券が当たっていたのです。

## 手を尽くしたら、しばらく「放っておく！」がコツ

お金を取り戻すことをあきらめたとたんに「いいこと」が舞い込んできたのは、彼との縁を切ったことで、恨みや怒りのマイナスの感情が消えたから。「今回のことはいい勉強になった。無理に催促するより、自分で頑張ってお金を稼ぐほうが気分がいい」と、彼女の心にプラスのエネルギーがたまっていったから幸運が引き寄せられたのです。相手が悪い場合、そして自分が十分に努力をした場合は、あきらめることも1つの手です。

**あきらめるというと、損なイメージがあるかもしれませんが、結果は逆になります。**心が穏やかになり、それがまた、執着を手放すことになり、いい結果が早く巡ってくるのです。

# 7 すべては、過ぎ去る！

心の視力をよくすれば、感情に振り回されない

## 目の前のことに、とらわれない練習

「人間《にんげん》万事《ばんじ》塞翁《さいおう》が馬《うま》」という諺《ことわざ》があります。

辞書には、「人生の災いと幸運は転々として訪れるので、予測ができない」という意味が書いてあります。つまり、ラッキーだと思ったことが不幸の原因になることもあるし、不幸だと思ったことが、のちに幸運の原因になることもあるということ。ですから、**いちいち目の前の出来事に一喜一憂して心を乱すのは、無駄**だという意味もあります。

この考えをあなたの毎日に応用すれば、何かイヤなことがあっても、「これが元で、〝いいこと〟があるかもしれない」と思えるようになるでしょう。

例えば、通勤中に押されて転んだ。しかも膝《ひざ》をひどく打ったうえに、「バカヤロー、あぶ

ないじゃないか！」と公衆の面前で罵倒され、さらに会社に遅刻！　こんなときは、「もうイヤだ！」と泣きたくなるでしょう。しかし、「人間万事塞翁が馬」です。朝から転んで落ち込んでいたけど、それをネタにしてブログの記事が1本書けたし、たくさんの読者に励まされました。その記事がご縁で、人生の転機となるような仕事が舞い込んでくるかもしれません。

## 幼稚な人は、目の前しか見ていない！

人生経験の浅い人や幼稚な人は、先のことまで見通すことができないので、イヤなことが起きるとすぐに「もうおしまいだ！」などと短気を起こしてしまいがちです。**「これも、いずれ何かに役立つだろう」**と軽く思っておけば、気持ちがむやみに上下することもなく、アクシデントを幸運に変える余裕が持てます。

# 8

# 「たら」「れば」思考をすると、自己嫌悪に陥ってしまう

**いつだってあなたは「ベストな選択」をしてきた！**

## 「あれは、あれでよかった！」と思えばOK！

「あのときこうしていたら……」「ああしなければ……」と、過去の行動や選択を後悔して、わざわざ自分を責めないことです。そんなことをしていたら落ち込んでしまい、人生は暗転していくばかりだからです。今の自分から見たら悔やまれる選択だったとしても、**当時の自分にしてみれば精いっぱい考えた末の選択だった**はずです。あるいは、まだ経験が浅くてわかっていなかっただけなのですから、仕方がありません。

**「あのときは、あれがベストな選択だった」**と自分を認め、肯定してあげましょう。日々成長しているのは、子どもだけではありません。大人だって日々、学んでいるのです。

## 「練習!」と思えば悩まないですむ!

子どもは、自転車に乗れるようになるまでに何度も転びますが、いちいち「なぜあのとき転んでしまったのだろう、僕がバカだった!」などと、自分を責めたりはしません。スイスイと漕《こ》ぐことだけを目指して何度もトライするうちに、いつの間にか乗れるようになっています。

大人もそれでいいのです。やってしまったことは、気にしない、気にしない!

集中すべきは目の前のこと! それが頂上にたどり着くシンプルな秘訣なのです。

9

# 犯人は、自分だった!?

ハードルが高い人は、自分で自分を苦しめている

## 友人がくれた感動の「勇気が出る言葉」！

ある女性は、突然会社をリストラされたところに、結婚を望んでいた恋人から別れを告げられ、死にたいほどのショックを受けていました。涙がとめどなく溢れ、明るいことなどちっとも考えられません。絶望して親友に相談したところ、優しくこういわれたそうです。

**「死ぬ以外は、どんな体験も全部かすり傷だよ。命があるかぎり何度でもやり直せるよ」**

この親友は高校時代に交通事故に遭《あ》って以来、今でも少し足を引きずっています。でもそれで誰かを恨むこともなく、いつも明るく向上心に燃えているのです。

彼女はハッとしました。

「死ぬわけではない」と思ったら、自分の悩みがとてもちっぽけなものに思えたのです。

## だから、あなたは十分に幸せ！

ひどく落ち込んだときに、プラスの感情を増やす方法に、「これくらいですんでよかった」と考えるというのがあります。もしかしたら、この本を読んでいるあなたも今、つらい目に遭っているかもしれませんが、**それでも、それぐらいですんだのです。**

場所（国）が違えば、屋根も水道もない生活を強いられている人々がいます。

時代が違えば、自分で職業を決めるなんて、夢のまた夢だったかもしれません。

病院では毎日、「まだ死にたくない」と思いながら亡くなる人が、たくさんいます。

それを思うと、再挑戦する時間があるのは、とても恵まれているといえませんか。

# 10

# 〝心の毒出し〟のために起きる現象がある

神様の「お試し」をクリアできるか!?

## 次々と問題が押し寄せるのは、なぜ？

デトックスとは、「解毒」とか「毒出し」という意味で、本来は、食べ物や薬品、空気などを通して体内に入ってきた毒素を排出するというものです。

不要な老廃物を出し切ることで、細胞が持つ本来のパワーが目覚めて、体が元気になります。

日々生活しているうちに、「体」に老廃物がたまっていくように、実は「心」にもだんだんとマイナスのエネルギーがたまっていきます。そんな心にたまっているマイナスの思いを一気にクリーニングするのが、**〝心のデトックス〟**です。

## 心のデトックスは、いつ起こる？

体が欲するままに食べることを数日間やめて断食することで、体はデトックスできます。

では**心のデトックスは？　それは、怠け心や遊びたい欲望を断つことで起こります。**

例えば、ある期日までに仕上げなければいけない仕事がある。土日も休まず全力で頑張ってようやくギリギリ間に合うという状況。そこへ風邪を引いたり、思わぬトラブルが起こったりと、とにかく大変なことが重なる。あまりに大変すぎて、心の中にネガティブな思いが少しでもあったら、乗り越えられない。こうなるとどんどん、心の中のマイナスが追い出されていきます。

そして「腹をくくって全部受けて立つ！　何が何でも乗り越えてやる！」と１００％心の中が前向きになったら、心のデトックスは完了！　こう決意すればどんな問題も乗り越えられますし、乗り越えたあとには、ビッグな「いいこと」がやってくるでしょう。試練がきているときに、マイナスの感情を増やさないようにしたいものです。

11

# 自分に「自信がない」人への特効薬

自信は、こうして作られる！

## 「できた！」を味わえるチャレンジをしよう！

自分に自信がある人は、他人の言動に振り回されることが、まずありません。自分の中心をしっかり持っているからブレないのです。しかも自分に自信があれば、何か問題が起こったときに、それを**「自分を成長させるチャンス」**と、ポジティブにとらえることができます。その結果、問題を乗り越えていく力もつき、人生の可能性も広がります。

では、自分にそんな大きな自信をつけるには、どうしたらいいのでしょう？

一番の近道は、小さな成功体験を積み重ねていくことです。何でもいいのです。例えば、もしも料理が苦手なら、まずは目玉焼きからはじめて少しずつ難しいものに挑戦していく。

もしいつも本を最後まで読めないのなら、薄いものからはじめて徐々に厚い本を読めるようにしていけばいい。できる人から見たら、たいしたことのないチャレンジでも、**自分自身が進歩したと感じることであれば、ちゃんと自信は育まれます。**

## 方法は変えてもいいから、やりとげよう！

今までできなかったことができるようになると、「私だって、やればできるじゃない」という喜びがわいてきます。そういう経験を積み重ねることで自信の芽吹きを大きく育てていけばいいのです。さて、このとき心がけたいのは、一度はじめたことは、途中、何度か失敗してもそこでやめずに成功するまで続けること。それがゆるぎない自信を育てます。

12

# 2秒で魅力的な性格になれるリフレーミング

自分を好きになれると、こんなにラク!

## いろいろな物差しを持つほうが、幸せになれる

もしも自分のことを「ダメな人間だ」と思っていたら、毎秒毎秒、心にはマイナスの感情がたまっていってしまいます。ですから、心にプラスの感情を増やすには、まずは自分を好きになることが不可欠なのです。

「そうはいっても、私には自慢できるような長所が何もないし……」そんなふうに思えるあなたの謙虚さは、**見方を変えればまさに〝大きな長所〟といえます。**このように、ある事実の見方を変えて、別の意味づけをすることを、心理学では「リフレーミング」といいます。

リフレーミングを使うと、今まで「ダメ」だと思っていた性格が、ぐっと魅力的に見えて

**きます。「私って……」と思うたびに、根気よくリフレーミングしていきます。**

コンサートのうちわ作るのうまいよね
へへっ ちょっとした特技！

## 「いいね！」をどんどん自分にあげよう

それでもまだ、「私ってダメ」と思ってしまうときは、過去に人からほめられたことや、評価されたことを思い出してみましょう。

その内容は、学年で一番になったとか、表彰されたなどという大きなことでなくてもOKです。「子どもに人気がある」「ギョーザを作るのがうまい」「ものまねができる」「声がキレイだとほめられた」「植物を枯らしたことがない」など。ほめられた過去を思い出すことで、自分の価値を強く実感でき、心の平穏が戻ってきます。

13

# 「道はいろいろある」と思うと、運命好転のチャンスがくる

思い込みが強い人は、感情的になりがち

## それは神様からのプレゼント

ある女性は、勤めていた会社が倒産して落ち込んでいたときに、高校時代の先輩から、こんなアドバイスを受けました。

「**どうしても思い通りにいかないときは、神様が軌道《きどう》修正のチャンスをくれているんだって。そのときはつらくても、長い目で見れば別の道に進んでよかったと思うはず。**だから今はつらいだろうけど、元気を出して。いつかきっと今回の経験の意味がわかるときがくるよ」

それを聞いた彼女は、素直に「自分が今の職を失ったのは、神様からの軌道修正が入ったのだ」と思うことにしました。

## 「こだわらない」ほうがいい

実は彼女には、海外留学をするという、子どもの頃からの夢がありましたが、社会人になったときに実現をあきらめていたのです。しかし会社が倒産したことで、人生にポッカリと時間が空きました。

「これは、神様が留学する時間をくれたのかも！」

そう思い立った彼女は、すぐに半年間の短期留学のコースに申し込みをし、長年の夢を叶えました。

それから8年たった今、彼女は外国映画の字幕の翻訳家として大活躍しています。

悩み事の本質を見てみると、このように「もっと幸せになるための軌道修正」という意味を持っていることがよくあります。〝思い通りにならないほうが幸せになることもある〟と知っておくと、イライラしないですみます。

14

# 穏やかに話せば、人はあっさり動く

イライラは、伝染《うつ》ると心得る

## 「注意」は「お願い」に置き換えて、ストレスを減らす

「教えてあげたほうが親切だと思ったから、いったのに……」

相手のためを思っていったのに、逆に怒られてしまったことがある——そんな人は、自分の気持ちを上手に伝える方法を知っておくといいでしょう。伝え方を工夫すれば、お互いに不愉快な気持ちにならずに問題を解決することができます。

例えば、禁煙席でタバコを吸っている人がいるとき。何もいわずに我慢していれば自分にストレスがたまります。かといって注意すれば逆ギレされるかもしれない。そんなときは、「クレームをつける、注意する」という形ではなく、相手に「お願いする」という形で話し

かければいいのです。「すみません。喫煙所に場所を移してもらっていいですか？」とあなたがお願いして、相手がそれを引き受けるという、**相手を立てる形**にすれば、すんなりと聞き入れてもらえる可能性が高まります。

## この知識が、心をダメージから守る！

大切なのは、そうしたお願いをするときは、心を平穏にしておくことです。せっかくお願いする形にしても、声に怒りがこもっていては台無しです。

また、**「たとえ平穏にお願いしても、100％聞き入れられるわけではない」「相手のためのアドバイスでも、相手がまだ理解できないレベルにいる場合もある」**ということは理解しておきましょう。逆にクレームをつけられたときも、相手はこうしてほしいと「願っている」のだと頭の中で置き換えれば、むやみに腹が立つことも減っていくでしょう。

## 15 あなたが成長すると、友人関係も変わっていく

### なぜか「素敵な出会い」がやってくる仕組み

### ステップアップが起こる前の兆候

類は友を呼ぶという諺《ことわざ》があるように、心がプラスの人はプラスの仲間と、マイナスの人はマイナスの仲間と引き合い、一緒に過ごしているものです。

あなたが、気持ちを切り替えるのがうまくなり、心の状態が常にプラスの状態に変わっていくと、人付き合いにも変化が生じてくるはずです。

あなたの心のエネルギーが高まってくると、今まで仲のよかった周りの人に対して、「この人たちといても面白くないな」**「もっと自分にいい影響を与えてくれる人と会いたい」という思いが出てくる**のです。そして実際に、心がプラスの状態にある精神レベルの高い人た

ちと過ごすことが増えはじめます。

## いい情報、いいアイデアにも出会える！

精神レベルの高い人たちは、人をほめたり励ましたりするのが得意です。そのため、彼らと一緒にいると嬉しくて、心にはますますプラスの感情が増えていきます。

しかし、今まであなたの周りにいた人たちは、自分だけ置いていかれるのがイヤだから、あなたが新しい友人と遊ぼうとすると、妬《や》いたり、邪魔したりするでしょう。

でも、そこで怒ってケンカする必要はありません。そんなことをすれば、マイナスの感情が増えるだけです。

邪魔する人とは、冷静に笑顔で少しずつ関係を改めていけばいいのです。

相手とあなたとの心の状態の差があまりにも大きくなった場合は、例えば、「久しぶりに遊ぼうよ」という話になっても、不思議とタイミングが合わなくて話が流れてしまい、自然と縁が切れていきます。

プラスのエネルギーの強い人たちと関わるとき、最初のうちは、相手から学ぶことばかりで恐縮することが多いかもしれません。ですが、そこで遠慮せずに、謙虚な姿勢で、プラスの力をもっと伸ばしていきましょう。

# 第2章

# ポジティブ&強運に変わる「とっておきの習慣」!

- 自分に都合よく考えよう!
- まめに気持ちにケリをつけていこう
- テンションの下がる服は捨てよう

ポジティブ美人の彼女みたいになりたい
よし、まねしてみよう!
同期の○○ちゃん
ポジティブ美人の観察〜その1〜
困るよきみー
申し訳ありません
ふむふむ
誰と話すときも否定的な言葉を使わない
最近、話し方が丁寧だね
そうかしら
彼氏
ポジティブ美人の観察〜その2〜
飲み物などに砂糖を入れない
ごちそうさまでしたー
最近痩せたね
そうかしら
コーヒーストレートで飲んでるから?
ポジティブ美人の観察〜その3〜
10時には寝るから
もう帰って!
はいはい
夜、早く寝ている

最近彼女がポジティブ美人を目指している・・・
僕も男前な人を見習おう
例えば同期の△△くん
男前の観察〜その1〜
じっ
流行の髪型
見た目に気をつかっている
ブランドのネクタイとスーツ
アレ?メガネ変えた?
いいじゃん!
ネクタイも新しいね
はは
男前の観察〜その2〜
不安要素はあるけどやっちゃおう!
はい!
動こうか、やめようか迷ったら動く!
動こうか、やめようか迷ったら動く!
動こうか、やめようか迷ったら動く!
ずんずんずん
僕と
結婚してください!
キリッ
ーはい!
まねしてハッピーポジティブ美人&男前!

16

# ポジティブ美人の生活をまねたらどう変わる？

無理なく、自然に、あら不思議！

## 理由はわからなくてもOK！

あなたの周りにいる、いつ会っても心が穏やかで気分にムラがない幸せそうな人や、叱られてもあまり落ち込みすぎない人を何人かピックアップして、彼らに共通する生活習慣を探してみましょう。そしてそれをまねれば、自然とあなた自身もその人たちのように気持ちの切り替えがうまくなっていくでしょう。例えば、こんな共通点があるかもしれません。

- **誰と話すときも、否定的な言葉を使わない**
- **あまり遅くまで残業しない（働きすぎない）**
- **朝は早めに出社している（つまり夜、早く寝ている）**

・食べ物に気をつけている（白砂糖、ジャンクフードを避けている）
・姿勢がよくて、いつもほほえんでいるように見える
・スポーツ系の趣味がある
・叱られたり、理不尽なことをいわれたりしても、すぐに反論していない

例えば、白砂糖やジャンクフードを避けることは、一見、気持ちを整理することとは関係なく見えますが、医学的にはメンタルに影響することがわかっています。ですから、何か共通点に気づいたら、なぜそうするのか意味はわからなくても、とりあえずまねてみる。そのうちに、食事内容や姿勢が精神の安定にも影響することが身をもって実感できるはずです。変化を実感できないものは、取り入れなければいいだけです。意外な生活習慣に、あなたの気持ちをコントロールするヒントが隠されています。

17

# はじめよう！コンプレックスを〝気にしない練習〟

まず、「悩んでも仕方のないこと」を見分ける

## どんなに頑張っても、変えられないことはどうする？

ある女性は、自分が〝地方出身〟であることを、ずっと引け目に感じて悩んできました。

以前、先輩に「田舎者っぽい〜」と笑われて以来、誰と会っても、「田舎者だと笑われているのでは……」と、疑心暗鬼になって気持ちが落ち着かないのです。

しかし、実際には、彼女が地方出身であることを気にしている人などいません。

それに、彼女と同じような地方出身者でも、あえて地方出身であることを前面に出して、

親しみやすさや素朴さをアピールして人気者になっている人もたくさんいます。
それなのに彼女は、自分の出身地を気にして、マイナスの感情をため込んでいるのです。
これほど損なことはありません。いくら悩んでも出身地は変えられないからです。
あなたの抱えている悩みは、このケースと同じように**「考えても変えられないこと」**ではありませんか？　もしそうなら、いったん「それも私」と受け止めて、もう悩むのはやめると固く誓ってください。そしてこれまで悩んでいた時間とエネルギーを幸せになるために使いましょう。

## 何度も自分にいい聞かせよう！

「そうはいっても、つい考えてしまう」という場合は、頭に浮かんだらすぐに、「もう考えないと決めたんだ！」と心の中でキッパリ宣言し、その都度、気分転換をはかること。続けるうちに必ず気にならなくなります。

18

# 人生の9割がハッピーになる！ポジティブ・シンキングの秘訣

怒るか、笑うかは、あなた次第！

## 「同じ人生」でも、どうとらえるかで差がつく

人生には、楽しいこともあれば苦しいこともあります。

苦しくても、すぐに明るく気持ちを切り替えることができる「楽観的」な人の人生は、楽しい時間のほうが圧倒的に長く、苦しい時期はほんの少ししかないのだと感じます。

反対に、「私って、なんてツイていないんだろう」とため息をつき、いつまでも苦しみにとらわれて過ごす「悲観的」なタイプの人は、人生のほとんどを苦しい時間に感じています。

人生１００年としたら50年以上も！　**ところが両者の人生に起きた実際の出来事を比べてみると、ほとんど大差ないのです。**同じような学校に入学し、卒業し、恋愛し、就職してい

ます。**要は、「とらえ方の違い」なのです。**

同じ出来事でも楽観的に受け止めれば、人生に「楽しい時間」がやってきます。

とらえ方を変えるだけで幸せな時間が増えるなら、変えない手はありません。

## 自分に都合よく考えよう！

「タコ焼きにタコが入っていなかった」

「目の前で電車のドアが閉まってしまい、乗れなかった」

日常のちょっとした「悔しい出来事」に、**「プラスの意味づけ」**をすると、たちまちあなたの周りはラッキーでいっぱいになります。

「プラスの意味づけ」とは、別の言葉でいうと、「自分に都合のいいように考える」ということです。

例えば、お店で素敵なコートを見つけたけれど、買おうかどうか迷っているうちに売り切れてしまって悔しいとき。「ああ、早く買えばよかった。私って優柔不断でイヤになっちゃう」などと自分を責めても何も「いいこと」はありません。

そういうときは、「ほかにもっと素敵なコートがあるから、今は買わないように神様が調整してくれたんだ！」などと解釈するだけで、コートを買えなかった事実を、ラッキーな出来事に一変できます。

心の中でどんな意味づけをしようと、自由です。日頃から、どんな出来事も肯定的にとらえるくせをつけておくと、気持ちがとてもラクになります。

## 19

# 〝他人と比べない練習〟

ヒソヒソ話をされると、「私のこと？」と不安になる人へ

### 心に「ブリンカー」をつけよう

あなたが今、意地悪な人の言葉に傷ついたり、噂話が気になったりしているなら、あなた自身が何か夢中になれる目標を持つことです。それで問題を解決できるかもしれません。

競馬では、「ブリンカー」という、目隠しのような馬具を馬につけることがあります。

ブリンカーは、眼帯に似ていますが、眼帯と違うのは、左右の景色は見えないけれど、前は見えるように作られている点です。どうしてそんなものをつけるかというと、馬は非常に臆病な生き物なので、**ほかの馬が視界に入ると動揺してしまい、実力を発揮できないから**です。でも、ブリンカーをつけて前だけ見えるようにして走らせると、実力が発揮できるのです。似たようなことは人間にも当てはまり、他人を気にしはじめたとたん、実力を発揮でき

なくなっていきます。そんな事態を避けるには、「絶対にこれを成し遂げたい！」と思える大きな目標を持つこと。

それが強力な心のブリンカーとなります。周囲に悪口をいわれようが、「そんなことは聞き流しておけばいい！」と気にならなくなります。

## 負けず嫌いな人への処方箋

あなたは、どちらのタイプですか？

立派な人を見ると、「あの人はいいなあ。それに比べて私なんて……」と落ち込むタイプでしょうか？

それとも、「すごい！　私もああなりたい」と素直に願うタイプ？

**幸せになりやすいのは、「私もああなりたい」と願うタイプの人です。**なぜなら、他人を尊敬し、憧れる気持ちは、とてもプラスのエネルギーが強いからです。必然的に、その願い

を叶えるためのチャンスや情報がどんどん集まってきます。

反対に、他人をうらやみ自分を卑下することは、ツキを落とす感情です。負けず嫌いであることは、自分を成長させる起爆剤になることもありますが、強すぎる競争心は、自分自身を疲弊《ひへい》させ、焼き尽くしてしまいます。

## 嫉妬のエネルギーを、探求のエネルギーに変えよう

もしあなたが、「私なんて……」と自分を卑下してしまうタイプなら、素敵な人を見たら、すかさず自分にこう質問してみるのです。

**「あの人は、どうして素敵なんだろう？　どうしたらあんなふうになれるのだろう？」**

こう自問することで、脳はその答えを出すことに集中しはじめるため、羨望や自分を卑下する気持ちがわいてくるのを防ぐことができるのです。

# 20

# ゆる〜くなって、非常識を楽しんでみる

## あなたが他人に対して、腹が立つのはどんなとき？

### 「こうあるべき」と考えると、しんどくなる！

「年上の人に対して敬語を使わない相手」「デートのときに、女性をリードしない男性」「ちゃんと仕事をしない人」など、社会の常識や自分の中で決めたルールを破る相手に、ついイラッとしてしまうことはありませんか？　答えが「イエス」の人は多いでしょう。

イエスという人は、いわゆる社会常識やルール通りに相手が動かないと腹を立てて、自分の心にマイナスの感情を増やしているのです。でも、その「ルールや常識」が、あなたを幸せにする価値観とはズレていることは多々あります。小さい頃に親から押しつけられた「ルールや常識」は、時にあなたの幸せを邪魔することもあることを知っておいてください。

ストレスのたまりにくい人や、いつもニコニコしていられる人は、自分が常識だと思っていることやルールについて、「他人から見れば、違うのかもしれない」と柔軟に考えることができます。

社会人のデートでテレビゲームなんて信じられないけど
母
楽しそうだわ！お母さんも仲間に入れてもらおうかしら
よっしゃー
勝った！
やられた～
次は勝つ!!

## 笑顔は、自由な雰囲気から生まれる！

「敬語で話しかけられるほうが気分はいいけれど、ブレインストーミングのときは、上下関係をとっぱらって自由に発言できるほうが、アイデアが出てきやすいな」

「デートは男性がリードするべきというのは私の願望であって、彼にとって常識とはかぎらない。私が自分で好きなプランを立てるほうが気楽でいいかも！」

ルールや常識にとらわれすぎなければ、笑顔や新しい出会い、仲間が増えていきます。

21

# 迷ったら、気持ちに「スケジュール」を立てよう

「締め切り」があれば、グングン前に進める！

## プライベートにも、締め切りを作ろう！

ある女性がお付き合いしている彼には、借金をするくせがありました。

いつまでたってもその借金ぐせが直らないので、本当は別れたいのですが、「僕を信じてくれ」といわれると、「今度こそ、変わってくれるかも」と思ってしまうのです。そんな彼女に、ある友人が、「いつまで彼が変わるのを待っているつもり？　**思い切って期限を決めたら彼の本当の気持ちもわかるわよ**」と、アドバイスしてくれました。

彼女は素直に、10月までに彼が変わらなかったら、別れようと決めました。

そして10月の終わり頃、彼の部屋に〝新しいクレジット会社からの請求書〟が届いている

のを見つけた彼女は、いさぎよく別れを切り出しました。彼女は一晩だけ、めいっぱい泣いたそうですが、翌日は気持ちが晴れて軽くなった、と輝く笑顔で話してくれました。

## まめに気持ちにケリをつけていこう

あのまま迷い続けていたら、彼女はこの先もずっと彼への不信感で、心にマイナスの感情をため続けていたはずです。人生の貴重な時間を無駄にしてしまっていたでしょう。

こうしたケースのほか、例えば、「彼は、私のことをどう思っているの？」と気になるときも、早いうちに食事に誘ったりして相手の気持ちを確かめていくことです。ダメなら次に進めばいいのです。

22

# やるべきことが多すぎてパニックになったら!?

〝心を落ち着けるテクニック〟

## 頭の中を整理するには?

頭の中がいっぱいで、何から片づければいいのかわからないという状況に陥ったときは、**今の状態を紙に書き出してみる**のです。それだけで、まるで霧がパーッと晴れるように、頭の中がスッキリ整理されて、心の落ち着きが得られます。頭の中だけで考えていると、「事実」「妄想」「心配」「感情」などがごっちゃになって混乱してしまうのです。

「締め切りが明日なのに、まだ企画書ができていない。でもどうせ書いても通らないだろうな。部長の好みのテーマじゃないし。私って部長に嫌われているし、あぁ、考えるだけでも憂鬱! あら、もうこんな時間、どうしよう!」

こうしたことを紙に書き出すことで、事実と、思い込みや推測などが整理できて、「真の問題点」や、「優先してやるべきこと」「対処法」もわかってきます。

「今やるべきは企画書を書き上げること」「企画が通るかどうかは、私が悩んでも仕方ないこと」「この点は、申請が通ってから考えればいいこと」などという具合に。

## 書き方は？　内容は？

書き方は自由です。ただし、いろいろな角度からも見てみることがポイント。相手の立場や、部外者の視点、１カ月後、時には10年後の視点などから見てみる。最終的に「自分に今、できること」を導き出すことができれば大成功です。

23

# 「悩み相談をしていい相手」「いけない相手」

**幸せへの最短ルートは、この人に聞け！**

お金を取る人は
NG！
相談したいんですけどー

## 誰に聞くかで、人生は変わる！

あなたの心にマイナスのエネルギーをもたらす悩みを、いち早く解決する超おすすめの方法に、**「実際に自分と同じ悩みを乗り越えた人に相談する」**というのがあります。

例えば、あなたが失恋を繰り返していて悩んでいるとしたら、〝昔は、あなたと同じように失恋ばかりしていたけれど、今は幸せな結婚をしている人〟に相談するのです。仕事の悩みなら、仕事で成功した上司や先輩に、ファッションのことならスタイリストさんや、センスのいい人に相談する。そして、ポイントは、〝**現在、幸せな人**〟を選ぶことです。

幸せな人は、人のためにアドバイスする心の余裕があります。簡単にいうと、幸せな人は優しいので、あなたの悩みをバカにしたり偉そうに説教したりすることはありません。「私もそうだったよ。でも、こうすれば大丈夫」と、実践的ないいアドバイスをくれるでしょう。

## 「アドバイスを活かせる人」「活かせない人」

大切なのは、相手のアドバイスを素直に実行すること。悩んでいるときは弱気になっているので、つい「それは私には無理」と尻込みしたり、「本当にそのやり方でうまくいくの？」と疑ったりしてしまいがちです。そこが運命の分かれ目です。

今まで自己流でやってきてダメだったのなら、幸せになった人のアドバイスをそのまま実行してみる、これが重要なのです。変に自分流にアレンジしてはいけません。また、相談するときは相手の心の負担にならないよう、なるべく明るい雰囲気で持ちかけると、いいアドバイスが引き出せます。

## 24

# 「あるある！」を見つけるほど、楽しく幸せになる

「ナイナイ星人」は、地球ではちょっと生きづらい！

### アラ探しをやめれば、幸福感も大幅アップ

「彼が、クリスマスにプレゼントをくれない、素敵なレストランも予約してくれない」
「友だちなら、私をもっと気遣ってくれてもいいのに」
「上司なのに、部下の失敗の責任を取ろうとしない」

悩み事や不満の多くに、「あの人が、私に○○してくれない」というのがあります。

相手が恋人や友人、親や子どもといった身近な人であればあるほど、要求が高くなってしまうから、やっかいです。しかし、**「してくれない」ことを数えているかぎり、心はどんどんマイナスに傾いていくばかり**で、自分から不幸へと突き進んでいくようなもの。なぜなら、

そもそも他人は、こちらの思い通りに動くものではないからです。そして、アラを探す相手がいないときは、**自分のアラ探し**をはじめてしまうからです。

## 「他人を責める」のをやめるとモテる

では、逆に、どう考えたら幸せになるのか？

それは、相手が「してくれたこと」を数えるのです。例えば、ドライブで彼が道に迷ってしまったならば？

「どうして事前に道を調べてこないのよ！」などと、彼が「してくれなかったこと」を責めるのではなく、「私のために運転してくれて、ガソリン代も負担してくれている」と、彼のしてくれた努力を数える。「ない」ことを数える人はいつも怒っています。「ある」ことを数えて、他者を「認める」人の心は、常に楽しく安らかです。

# 25 「ちょうどよかった！」は魔法の言葉

「気持ち」より、「言葉」を変えるほうが簡単で効果大！

## 本当に、状況は変わる！

困ったことが起こったとき、「ああ、ちょうどよかった！」と口にするとどうなるか？

なんと、どんな悩みでもその言葉通りに、あなたに都合のいいものに変わります。すべての悩みやトラブルには、〝今のあなたに必要な、神様からのメッセージ〟が隠されています。

でも私たちは、その隠された〝真のメッセージ〟に目を向けず、つい表面的な事実だけにとらわれて悩んでしまいがちです。

そんなとき、「ああ、ちょうどよかった」とつぶやくと、パニックになった気持ちが静まり心が整い、隠された〝真のメッセージ〟に気づくことができます。試しに、心に引っかかっている問題があるなら、今すぐ、「ちょうどよかった」といってみてください。あなたの脳は、すぐさま「いったい、何がよかったんだろう？」と答えを探し出してくれるでしょう。

## ヤケッパチでも、なんとかなっちゃう！

例えば、友人に遊びの予定を急にキャンセルされても、「ちょうどよかった」の一言で「最近、忙しすぎるから、休むのにちょうどいい！」という答えが見つかる。仕事の事務処理にミスがあってイライラしていても、「システムの改良点に気づくことができた」などという答えが見つかる。**どんなにやけっぱちな調子で「ちょうどよかった！」といったとしても、ちゃんと答えは得られます。**

こうなると、怖いものなしです。精神的にタフになりますし、何が起こっても平気なサバイバル力が得られます。まさに魔法の言葉です。

## 26

# 自分を大切にするハッピーな人が「絶対に使わない言葉」

毎日使うものの影響は、とても大きい

### ふだん「自分」に投げかけている言葉をチェック

プラスやマイナスのエネルギーを生み出す元になる「感情」は、他人にだけ向けられているわけではありません。人間は、「私って、○○だな」と、1日のうちに数えきれないほど思っています。ですから、毎日5分間ばかり、ポジティブな気持ちになることをして心にプラスのエネルギーを増やす努力をしても、それ以外の時間にずっと否定的なことを考え続けていれば、心には、ダメージのほうが多くたまってしまいます。やらないよりはマシです

が、効率は悪いですね。また、そうした心理ダメージのせいでセルフイメージが低くなると、いざ大きな幸せが舞い込んできたとしても、〝自分にそんな「いいこと」が起こるわけがない、自分にそんな価値はない〟と深層心理で思ってしまい、無意識にその幸運を拒絶する行動を取ってしまいます。逆に、ふだんから自分自身の価値を認めている人は、心の状態をプラスに変えていきやすく、「いいこと」が現実に起こりやすいといえるでしょう。

## このNGワードに気をつけて!

「自分のことは、自分が一番よくわかっている」と思いがちですが、実際は、他人の心ばかり気にしていて、自分の心をおざなりにしている人が多くいます。とくに性格の優しい人は、自分のことより、親や子ども、恋人や友人のことを優先してしまいがちです。

**「私のことはどうでもいいから」なんていってはいけません。**あなたを幸せにできるのは、あなただけ。他人のことと同じくらい、自分の気持ちも大切に。

27

# 「見た目」は、こんなに心に影響する

念入りに外見を磨こう。気分が上がる服を着よう

## だから花嫁は最高にハッピーなのです

女性も男性もオシャレをすると、心にプラスの感情がわいてきます。反対に、髪がボサボサだったり肌の調子が悪かったりすると、それだけで気持ちが沈み、考え方がネガティブになり、やる気も低下し怠惰になりがちです。

ある女性は、**「夫が無精ひげを伸ばしているときに、夫婦ゲンカが増える」**という傾向を発見しました。日頃からきちんと身出しなみを整えておくことは、心をプラスの状態に保つために、どうしても必要なことなのです。

以前、「老人ホームのおばあさんたちに、薄化粧をして髪を整え、キレイな色の服を着せ

てあげたら、とたんに表情がイキイキした。言葉もハッキリしたものに戻った人もいた」というニュースがありました。そういえば、子どももお姫様のようなドレスを着ると大喜びして元気になりますね。**オシャレをすると元気になるのは、人間の本能**かもしれません。

光りものをつければさらに気持ちはUP!
ペカー
かっ
輝いてる!
ボロッ

## テンションの下がる服は捨てよう

ですから、少し落ち込んでいるときは、心の状態をプラスに変えるために髪をセットしたり、爪を磨いたり、丁寧にメイクをしたりして見た目を整えることはとても効果的なのです。鏡を見て、「今日の自分はいい感じ♪」と思えれば心にプラスの感情がわいてきます。

花嫁さんが幸せそうなのは、愛されているからなのはもちろんですが、きっとその日、人生で一番のオシャレをしているからでもあるでしょう。

28

# いつも機嫌のいい人は、体を動かしている

おすすめは「歩く」「踊る」などのリズム運動！

## 運動でストレスを解消し、感情を整える！

「仕事ができるようになりたければ、忙しくても毎日、運動をしなさい」という内容の本が、ベストセラーになったことがありました。

一昔前は、ジムで体を鍛えるのはアメリカ人がよくしている習慣だったのですが、今は日本でも、定期的に多くの人がジムで汗を流しています。運動する人が増えたのは、たんに健康にいいというだけでなく、気持ちがポジティブに切り替わることに、みんなが気づきはじめたからでしょう。体を動かしているとき、脳は、ケガをしないよう、体の動きに集中します。そのためスポーツをしている間は、悩みを忘れられるのです。スポーツのあとは、爽快

感で心にプラスのエネルギーが増えるので、ポジティブになり、いいアイデアもわいてきます。世の発明家たちは、じっと座っているわけではなく、歩き回りながら考えていたそうです。

この法則にのっとると、怒りや悲しみ、悩みがあって**心がマイナスに傾いているときは、ヘタに解決策を考えるより、まずは体を動かしたほうがいい**ようです。

## 空を見上げよう！

あなたは、ここ2、3日の間に、30分以上体を動かしましたか？　不健康な生活をして体が重くなると、心まで重く不健康になってしまいます。ジムに行ったりトレーニングウェアに着替えたりするのが面倒なら、その場でストレッチをして、背筋を伸ばして空を見上げましょう！　姿勢や適度な運動が心に与える影響は大きいのです。

29

# 部屋はあなたの心を、映し出す「鏡」

ガラクタを捨てたら、夢の実現も加速します！

## 部屋を片づければ、頭の中までスッキリ

頭の中が混乱してどうしていいかわからないようなとき、きっと部屋の中やデスクの上も散らかっているはずです。

視覚が気持ちに与える影響は大きいのです。ヘビや毛虫を見ればゾッとする人がいるように、散らかった部屋も、心理的ストレスとなります。いつも心をプラスの状態に保つには、まめに部屋やデスクを掃除して、どこに何があるかわかるように整理整頓しておきましょう。

気持ちが穏やかな人の家は、たいてい清掃が行き届いています。彼らは不用品やホコリがたまると、運気にマイナスのエネルギーを呼び込んでしまうことを知っています。

・床を水ぶきする
・乱雑になっているものは整理整頓する
・1年以上使っていないものは捨てる
・排水溝や風呂場、トイレなど、水回りを磨く
・観葉植物を置く
・家具や寝具は、なるべく天然素材にする
・カーテンや絨毯《じゅうたん》などの色数を抑える
・毎朝、窓を開けて換気をする

帰るたびに、「今日も散らかっているなぁ……」と気が滅入るような部屋では、十分に休まりませんし、明日の活力だってわいてくるはずがありません。

「帰ってくると、ほっとする」という片づいた家だからこそ、エネルギーを充電できます。

30

# “プチ断食”で、体も心も軽くなる

やせている人のほうが、メンタルがタフ？

## 時には、体にもバカンスを！

“考えること”はとても高度で繊細な脳の活動です。ですから疲労や睡眠不足で体調が整っていないと、脳の機能が低下して上手に考えることができなくなってしまいます。しかも、健康状態のいいときよりも、マイナス思考になる傾向があります。

東洋医学では、**心臓に負担がかかると不安感が強くなり、肝臓に負担がかかると怒りの感情が強くなり、自律神経の働きが低下すると自閉的・うつ的になる**といわれます。

日頃から体のコンディションを整えておくことが、心の状態を大きく左右するのです。

体内を大掃除して調子を高める方法に、プチ断食があります。ふだん1日3食、食べている人が、１食だけ抜く、あるいは、１カ月に１日だけ絶食する日を設けるというものです。

## 卵がポンポン！　養鶏場《ようけいじょう》の人に聞いた「若返りの話」

胃腸を休めると生命力がアップすることが、よくわかる話があります。

毎日、卵を産んでいる採卵用の鶏たちは、年を取るごとに産む卵の数が減っていきます。

そこである年齢になると、数日間、鶏たちを絶食させるそうです。すると、一時的には羽が抜け落ちて元気がなくなるのですが、再びエサを与えはじめると、絶食前よりも元気になって卵の数も増えるのだとか。働きづめだった胃腸を休めたことで、体力がアップしたと考えられます。

ストレスでドカ食いする傾向がある人は、プチ断食をしてみるといいでしょう。体が軽くなり、肌が美しくなり、免疫力が高まります。頭が冴えて、心に幸福感もわいてくるでしょう。

たまにはバカンスをいただきます

# 31

# 大富豪たちが、お金より大事にしていること

心が元気だから、お金も入ってくるのです！

## 時間のゆとりは、心のゆとりにつながる

多くの人が、自分のために時間を作ることに慣れていません。

つい、「仕事」「家族」「恋人」「友人」などを優先してしまい、自分のことは、「時間が余ったらしよう」と、一番後回しにしがちです。「週末は、大好きな岩盤浴にいってリフレッシュする」と決めていたのに、友だちにショッピングに誘われて、結局いかなかった、なんていう経験は誰にでもあるでしょう。空いた時間ができたら……と考えていては、次から次へと予定が入ってしまって、自分のために時間を使えなくなります。

もちろん、友だちや恋人の誘いを大切にするのは、悪いことではないのですが、いつも自

分を後回しにして他人を優先してばかりいると、あなたの心は、「私のことはどうでもいいの？　もっと私を楽しませてよ」とスネてしまいます。**そして心の片隅に「自分が犠牲になっている」という怒りのエネルギーが巣くいます。**

## 好きなことをする時間を作りなさい！

ずっと前からスケジュールに「岩盤浴にいく」と入れてあったのなら、友人からの誘いを断ってもいいのです。**自分との約束を守るようにすると、心は満足感でいっぱいになります。**自分が満たされていると、仕事でも人付き合いでも、見返りを期待せずに行動することができます。

結果的に「いいこと」が何倍にも増えて返ってくるでしょう。密かに怒りを抱えて他人と接することもなくなるので、真にいい人間関係が築けるようになります。

# 32

# サクサク動くと元気になれる！

ダラダラすると、心に無精ひげがはえる!?

## 「何か面白いことないかなぁ〜」と思いはじめたら要注意

ゆっくり体を休める時間を取ることは大切ですが、たんに何もしないでダラダラと過ごす時間が長くなりすぎると、体内の血液やリンパ液の流れ、気の流れなど、あらゆる流れが悪くなり、どうしてもマイナス思考になっていきます。

あなたがもし、いつもソファに寝そべってテレビを観ているうちに時間がたってしまうというタイプなら、思い切ってソファとテレビを処分するという選択もあるでしょう。

何をするにも「もう少し準備をしてからでないと……」と言い訳する人が、実際に何かしているかというと、ほとんどの場合、何も具体的な準備をしていません。頭の中であれこれ

と考えることを、「準備している」ことだと思い込んで、時間を無駄にしているのが実状です。

## 迷ったら、「とりあえず」動く！

はじめる前から完璧に準備が整うことなんて、まずありません。

何かをはじめるときは、**「準備が整っていなくても、とりあえず動く」**と決めておくことで、心にモヤモヤが生じるのを防げます。たまにやってくる大きなチャンスをつかむのも、こうしたフットワークの軽い人なのです。

# 33 幸せな大富豪が教えてくれた「寄付の秘密」

「お金」と「安らかな気持ち」の関係

**「人に優しくすることは、自分に優しくするのと同じことなんだ」**

昔から多くの成功者たちが、恵まれない人に寄付をしたり、奨学金制度を作ったり、奉仕活動に励んできました。なぜでしょう？

それは、**人に喜ばれることをすると、自分の心にプラスのエネルギーが増えるから**です。

もちろん、そのプラスのエネルギーが増えれば、それに見合った幸運が引き寄せられてきますし、自分がした親切も、巡り巡って、「いいこと」となって自分に返ってくることを経験的に知っているからです。また、イヤなことがあって落ち込んでいても、誰かに「ありがとう」と感謝されれば、心は温かくなります。**たとえ感謝されなくても、「私って、なかな**

**かいい人ね」と自分を好きになる**ことができ、セルフイメージが高まります。一石三鳥なのです。

## 「最初は、打算でもいいんだよ」

重要なことは、大富豪たちは、お金持ちになってから寄付をはじめたのではなく、お金がないときから、小さな寄付を続けてきたことです。小額でもいいので、誰かの役に立ちたい思いを形で表すことです。ボランティアに参加するのが難しいなら、近くの公園のゴミを拾うとか、コンビニエンスストアのレジの横にある募金箱におつりを寄付するのもいいでしょう。悩みがあって調子が悪いときほど、周りを気にかける余裕がなくなり、自分本位になりがちです。そんなときに、他人のために行動する小さな一歩が、大らかな視点を取り戻してくれ、心にプラスのエネルギーを注ぎ込む風穴を開けてくれます。

34

# 明日がハッピーになる“眠る前3秒”の儀式

つぶやくだけで筋肉がリラックス！

## 明日に向けて気持ちをリセット

一日の終わりに、その日にあった「いいこと」を数え、心の状態をプラスにしてから眠りにつくことはとても大切です。滅入った気分のままではなかなか寝付けませんし、たとえ眠れたとしても、悲しみを抱えたままでは、胃腸の消化吸収も悪くなり、疲れだってしっかり取れません。会社で、さんざん叱られた日でも、**「今日もケガや病気をすることなく、無事に過ごせたことを感謝します」**とつぶやいてから眠ってみてください。全身の筋肉がゆるみ、ぐっすり深く眠れます。もちろん翌朝の目覚めもバッチリ爽快です。

# 第3章

# もう「困った人」に振り回されない！強い心に変わるコツ

- 「いい人」になるのは、やめなさい！
- 割り切ることも、相手のため
- キャラを作るのも1つの手

# 35

# 「苦手な人」と顔を合わせる苦痛から解放されるには？

その〝出会い〟をクリアすれば、神様からボーナスが！

## この世は善も悪も、好きも嫌いも「ごった煮」の世界！

自分ひとりでは、どうやっても解決できない問題に、人との「相性」があります。

例えば、会社の上司とそりが合わないとき。

自分なりに頑張って上司のいいところを見ようとしたけど、うまくいかない。かといって、上司を転勤させることはできないし、自分が会社を辞めるのも納得いかない……。

そんなときは、**「賢く距離を取ればいい」**と知っておくと、気持ちがラクになります。

あなたの周りで起こることは、すべて〝必然〟ですから、嫌いな人と毎日、顔を合わすことになったのにも、必ず意味があります。自分と相性が悪い相手、苦手な相手、みんな何か縁があって、あなたの前に現れているのです。

しかし、意味があるからといって、その人を無理に好きになる必要はありません。仲よくしなければいけないこともありません。相手を不快にさせない最低限のあいさつやマナーを守ったうえで距離を保ち、マイナスの感情を増やさない付き合いをすればいいのです。

## すべての人と、同じ距離を取ろうとするのが間違い！

苦手な人に対しては、「この人はこういう人」と割り切って、干渉しないこと。相手の行動を批判したり、相手を変えるためにコントロールしようとしたりしないことです。どんなに合わない人とも、距離を保てば、お互いにそれぞれうまくやっていくことはできます。また、**それが大人の付き合い方です。**その距離感を覚えれば、ぐっと心を穏やかに保ちやすくなります。結果、あなたは、どんな人ともうまくやっていくことができるようになり、人間的に大きな成長を遂げるでしょう。

## 36

# 別れたあとに、「ほっ」としたら要注意！

「自分を抑えているサイン」が出ていませんか？

### 「いい人」になるのは、やめなさい！

人付き合いにおいて、相手を尊重する思いから自分の考えを引っ込めることは、優しさでもあるので、決して悪いことではありません。

ただ、これは同時に、人間が本来持っている**「自分を自由に表現したい！　自由に意見を主張したい」**という気持ちを抑えていることには違いありません。

極端に抑え続ければ、あなたの心は相当の我慢を強いられることになります。そしてその我慢は、マイナスのエネルギーとして心にたまります。

誰かと会ったあと、「あー、楽しかった！」と思う気持ちより、「ほっ」とする気持ちのほうが強いなら、それはその人といる間、たくさんのことを我慢しているということです。

## ホンネを語るようにしたほうが、自分を好きになれる

誰かと会ったあとに、「ほっとすることがある」と思い当たる人は、少しガードをゆるめてみてください。今まで押し殺していた気持ちを素直にその相手に伝えるようにしてみるといいでしょう。

自分の気持ちを素直に伝えることは、わがままとも違いますし、何が何でも自分の意見を通そうと我を張ることでもありません。他人をもっと信頼しましょう。いい方さえ間違えなければ、相手が機嫌を損ねることもないはずです。「自分自身を大切にできる自尊心の高い人」が、他人に軽んじられることはありません。

37

# 「いい人」ほど、余計な悩みを抱えがち

他人のプライベートな問題は放っておく

## おせっかいは、自分が損する！

よく気がつく人や親切な人の中には、心にマイナスの感情を増やしてしまっている人がいます。他人に親切にすることが楽しければいいのですが、それがストレスになっている人がいるのです。あなたがそうであるなら、そのくせは直したほうがいいでしょう。

例えば、R子さんは、同僚のE美さんが、彼にウソをつかれたことに腹を立てています。

「E美さんの彼ったらひどすぎる！　絶対にE美さんは彼と別れるべきよ！　そのほうがE美さんのためなのに!!　E美さんもいつまでも煮えきらないから、歯がゆいわ！」

R子さんはイライラしながら、E美さんの彼の批判をみんなにいって回っています。

しかし、当のE美さんといえば、彼と別れたいわけではないのです。ケンカもするけれど、彼のことが大好きなのです。たまたま彼が約束をやぶったことを、R子さんに大げさに話したら、R子さんは一大事だと心配して、別れさせようとしているのです。

R子さんは、**自分が気をもまなくてもいい他人の問題で勝手に怒って、本来、作らなくていいはずのマイナスの感情で、自分の心を傷つけています。**

## 割り切ることも、相手のため

他人が抱える「人間関係」の問題は、その当人にしか解決できないことがほとんどです。

あなたがR子さんのようなタイプなら、他人のプライベートな問題に関しては、「頼まれないかぎり踏み込まない」という境界線を設けること。これで、お互いの心を平和に保つことができます。

38

# “いいにくいこと”を伝えるベスト・タイミング

「断りたい……でもいい出せない」そんなときは！

## キッパリ断れば、ラクになれる

ある女子大生は、サークルの仲間に海外旅行に誘われました。

彼女はとっさに「ありがとう！　楽しみだわ」と返してしまったのですが、本当はあまり気乗りしません。彼女は他人と旅行するのが苦手だったのです。しかし、それをなかなかいい出せなくて、そのうちサークルに顔を出すのが苦痛になってしまいました。

ある日、「このままでは本当にまずい」と思い、仲間のひとりに電話をして、「事情があって私は旅行にはいけないの。ゴメンね」と告げ、主催者に伝えてもらいました。電話を切ったあと、重苦しかった胸のつかえが取れて心底ほっとしました。**いいにくいことをいわずに**

**先延ばしにしていると、その間ずっと、マイナスの感情を増やしてしまいます。**

## キャラを作るのも1つの手

とくに出欠の返事に関しては、あとになればなるほどいいにくくなり、いつ督促《とくそく》されるかと、相当なストレスもかかるでしょう。断ったら嫌われるのではと不安に思うかもしれませんが、相手にしてみれば、直前に断られるほうが調整が大変ですし、迷惑なもの。行動する瞬間は勇気が必要でも、**1分でも早く伝えたほうが、お互いにとっていい**のです。それに、〝ダメなときはハッキリ断るキャラ〟を作っておけば、あとあとも断りやすくなってラクなのです。

# 39

# 「自分勝手な人」「嫌味な人」から身を守る法

勇気を持って立ち上がろう！

## 対等な関係になれば、ストレスは激減

いつも遅刻してきてみんなを待たせておきながら、自分だけは許されると妙な自信を持っている――こんな自分勝手なタイプの人は、強引だけど魅力があるため、周りはつい彼らのペースに巻き込まれてしまいます。もしも、そんな人の存在がストレスになって、あなたがマイナスの感情でいっぱいになっているなら、次のような対策を取ってみましょう。

まず、その人に「あなたは特別な存在ではない」とわからせる必要があります。例えば、その人が待ち合わせ時間に遅れたなら、みんなで待っているのではなく、予定通り次の場所に移動します。その人には先にいっていると連絡して、あとからその場所にきてもらえばいいのです。約束を破った相手に合わせる必要はないのです。

## 「嫌味」をやんわりはね返すバリアを張る

「相変わらず、あなたは仕事が遅い」「みんな、あなたと関わるのを避けたがっているわよ」

必要以上にあなたを見下し、攻撃してくる嫌味な人は、あなたの動揺する姿を見て面白がり、ストレスを解消している面があります。そんな心ない言葉に負けないよう、毅然とした態度を取る必要があります。例えばこんなふうに、冷静に、丁寧にいってみるのです。

**「そうですね。ご指摘ありがとうございます。そのことについては理解しました。でも、毎回いわれると、こちらも動揺して間違えてしまうので、もういわないでください」**

丁寧さの中にも、つっぱねる姿勢を見せることで、ほとんどの相手はひるみます。

40

# なぜか「気になる人」が密かに使っている心理術

プレイボーイに振り回されないために！

## モテモテの人が、こっそり使う心理法則

「そうそう、前から話そうと思っていたことがあるんだけど……」

こう切り出された次の瞬間、「あ、やっぱりやめた、また今度にするね」と途中でやめられたら、その内容がずっと気になってしまいますね？　この心理法則は「ツァイガルニック効果」（ツァイガルニック〈Zeigarnik〉という人が提唱）と呼ばれています。〝**未完結なものや中断されたものは記憶に残りやすく、反対に、完結しているものは忘れやすい**〟という理論です。テレビでも、必ず気になるシーンの途中でCMが入るのは、この法則を利用してCM中にチャンネルを変えさせないようにするためです。

## 「気になる=好き」ではない!

恋愛でも、きちんと話し合って別れた相手のことはスッキリ忘れられるのに、気持ちがわからないまま離れた相手のことは気になってしまうのは、そういう理由があるからです。

モテる人は、わざとデートを早めに切り上げます。**最初から自分のすべてはさらけ出さないで、小出しにしていって気を引く**という作戦です。ですから、その人のことが好きだから気になるわけではなく、ただ心理法則にはまっているだけという場合もあるのです。これを知っておくと、ずるい心理テクニックに惑わされなくなり、気持ちの整理がつけやすくなるでしょう。

# 41 「疲れる人」には、この〝おまじない〟

「困った人」に、どうしても会わないといけない日に！

## 「どうしたらそんな性格になるの!?」という人に

世の中には、あなたの理解を超えるほどの「困った人」がいるもの。しかもそういう相手は、「ここを直したほうがいい」とアドバイスしたところで、反省するタイプではありません。そんな相手をムキになって変えようとして苦しむのはやめましょう。「あの人はこういう人だ」と受け止めて、スキを見てその場から離れるくらいのほうが、お互いにストレスは増えません。また、相手の言葉にダメージを受けなくなるおまじないの一種に、**「その人と話すときに、親指を中に入れて強くげんこつを握る」**というのがあります。親指を中に入れてげんこつを作ると、心のフタを閉める効果があり、ダメージを受けにくくなるようです。

# 42 「頼み事ばかりしてくる人」からは、「NO」で逃げる

断って怒り出すような相手なら、関係を見直そう

## 「冷たい人」と思わせたほうがいい

「お願い、お金を貸して！」「終電を逃しちゃったの、今晩、泊めて！」

度重《たびかさ》なる頼まれ事で「またか、イヤだなあ」と不快な思いをしていると、あなたの心にマイナスの感情が増えてしまいます。不愉快に感じたときはその場でハッキリ「NO」をいわないといけません。そして、「それはちょっと難しいかも。検討しておくね」「家族に聞いてみないと……」などと遠まわしに断っても、図々しい相手は引き下がりません。ハッキリ断って、**「この人にお願いしても無駄だ」と一度思わせれば、わずらわされなくなります。**

43

# 「調子のいい人」はアテにしない

「大人のお付き合い」のルール

## 「いい加減」な人には、「いい加減」に！

調子のいい人は、何か仕事を頼むと、「はい、いいですよ。お安いご用です。○○さんのためならすぐにやりますよ！」なんて嬉しい返事をしてきたりします。

でも、実際に約束が守られることはほとんどなく、毎回あとでガッカリさせられます。

彼と一緒にテレビの旅行番組を観ていたとき、「僕たちも、今年の夏休みにはハワイにいきたいね！」なんていうので楽しみにしていたのに、彼はすっかりそんなこと忘れていて、ハワイどころか熱海にもいこうとしなくて、悲しい気持ちになった……。

恋人がこういうタイプの場合、日々、心にダメージを受けてしまうでしょうが、そんな相

手に、いちいち腹を立てるのは無意味です。

## いちいちマジメに受け取らないことも、感情コントロールの技術

調子のいい人というのは、悪気がない場合が多いのです。むしろ、相手に喜んでもらいたいがために、その場のノリで、そういうことをいってしまう傾向があるのです。こういう人の発言は、**「調子のいい彼のいうことだから、今の気分だけで話しているんだろう」**と話半分に受け止めて、実行してくれたらラッキーだ、というくらいに軽く思っておきましょう。

最初からアテにしなければ、気持ちが振り回されることもなく、実行してくれたときの喜びも大きくなります。

44

# 「トラブルメーカー」とは、こうしてキッパリ縁を切る

相手を見極めよう

## 関係を絶ったほうがいい人

ある女性は、ママ友のひとりに相当まいっていました。

ふだんは何の連絡もしてこないのですが、何かイヤなことがあるときだけ連絡してきて、えんえんグチを垂れ流すのです。

彼女が親切心でアドバイスすると、「あなたは、何もわかっていないのよ！」と逆上して、怒り出す始末。それでも彼女は、「毎日のことではないし……」と思って我慢していました。

ところがあるとき、彼女の子どもが風邪を引いて幼稚園を休んでいたので、早めに電話を切らせてほしいと頼んだのですが、そのママ友は彼女の話をまったく聞こうとしないのです。

その態度で、彼女は「この人は、自分のことしか考えていない」と確信しました。

そして彼女は、そのママ友との交際をいっさい絶つことにしました。相手がどんなに下手に出てこようと応じないでいたところ、彼女の心にスッキリした解放感が広がったそうです。

## ビジネスの関係がない相手なら、早いうちにサヨナラ

自分の問題に他人をさんざん巻き込んでおいて、それがすんでしまうと何事もなかったような涼しい顔をしているので、一緒にいるととても疲れる存在。

**そんなトラブルメーカーには、無理をして付き合う必要はありません。**自分が不快にならないように、毅然とした態度を取ったほうがいいときもあるのです。

45

# あなたのことを嫌う人とは、距離を取る

好きな人はさらに好きに、嫌いな人はさらに嫌いになる心理法則

## さわらぬ神にたたりなし！

アメリカの心理学者ザイアンスは、「顔写真を目にする回数」と、その「顔写真の人に対して抱く感情」について実験したところ、顔写真を目にする回数が多いほど、その本人に好意を持ちやすい傾向があることを導き出しました。つまり、全然知らない人よりも、よく会う人に好意を持ちやすいのです。面白いのは、**マイナスの印象を持っている相手には、会えば会うほどマイナスの感情が強くなる**こと。あなたを嫌っている人がいたら、近寄らないのが得策です！

46

# それでも「いじめてくる人」はこれで撃退

本気で感謝すれば、必ず相手は逃げていく！

## マイナスな人は、プラスのエネルギーが苦手である

もしあなたに意地悪をする人がいるなら、心の中では「憎らしい」と思っていても、意識的にビッグな笑顔で接し続けてください。人間には、暗い顔をしている人には、意地悪をしたくなるという心理があります。暗い顔が、さらに顔を曇らせるような出来事を引き寄せているのです。

ですから、悪意がある人には、**「ありがとうございます。あなたの（意地悪の）お陰で奮起できます」**とほほえみかければ、相手はたまらなくなって逃げていくでしょう。

47

# 〝素敵なご縁〟を見極めるコツ

十分な時間をかけて、危ない人は寄せつけない！

## なれなれしくしてくる人には、何かある！

初対面の人と短時間で距離を縮めて親しくなってしまうと、あとで、「こんなはずじゃなかった……」と気分が悪くなる場面に出くわすことがあります。

例えば、はじめて参加した異業種交流会で隣に座った人と意気投合し、次回、ふたりで会う約束をした——。ところが、その人はサプリメントの営業マンであり、無理やり高価なサプリメントを買わされそうになった、という話を聞いたことがあります。

他人の体験として聞く分には、「それは大変だったね！」ですみますが、自分が押し売りされる立場になったとしたら笑えませんし、「私は、人を見る目がない」などと自己嫌悪の

感情さえ抱いてしまうでしょう。

## 人との距離は、ゆっくり縮めていくのが安全

こういう不快な経験を避けるためにも、初体面の人と親しくなる際は、ある程度時間をかけるのがいいでしょう。しばらくは、メールだけのやりとりにするとか、会うにしても、いきなり長時間を共にするディナーではなく、短時間のお茶だけにしておくなど。

また、**相手がなれなれしい口調で話しかけてきたとしても、あなたが敬語を崩さなければ、そのうち相手も丁寧な態度に改める**でしょう。相手のペースに合わせて急速に親しくなる必要などありません。「この人とは合いそう」と思えた時点で友情を育んでいけばいいのです。

48

# 〝エネルギーが悪い場所〟は、やはり何かある！

目には見えなくても……何かいる⁉

## 土地にもエネルギーの相性がある。心が喜ぶ場所を選ぼう

理由はわからないけれど、「何となくこの場所は苦手だ」という場所がありませんか？

心をプラスの状態に保つには、そういう場所には、できるだけ近寄らないほうがいいでしょう。例えば、習い事をはじめようと思って、その教室がある駅にいってみたら、何となく雰囲気が暗くて違和感を持ったとか、引っ越し先を探しに物件を見にいったら、居心地の悪さを感じたなどというとき。そんなときは、迷わず候補から外すこと。「気のせい」を軽く見てはいけません。**あなたの「心」が、まぎれもなく何かを感じているのですから！**

# 第4章

# フワッと心がラクになる！癒しの「心理セラピー」

- 早く忘れてしまいたいシーンに使える秘技！
- 許せない人を、許せるようになるフレーズ
- １日１回は、癒しタイムを！

49

# 必ず当たるハッピーな予言。3年後、あなたは……

不思議ですけど、答えはすでにあなたの中に

## 3年後、あなたはきっと笑っている！

とてもじゃないけれど解決できそうにない大きな悩みを抱えてしまったとき。そんなときは、3年前や10年前に何かで悩んでいたときの自分を思い出してみてください。

「好きな人に声がかけられなくて、悩んでいたなあ」

「恋人と別れたとき、まるで世界の終わりがきたみたいに落ち込んだな……」

今より人生経験の少なかった当時のあなたは、いろいろ真剣に悩んでいたでしょう。

大げさな例を挙げれば、子どもの頃はひとりでトイレにいくのさえ怖かったでしょう？

しかし、今、振り返ると、そのほとんどの悩みが、「たいしたことなかった」と笑い飛ばせ

るものではありませんか？　当時は、死ぬほど悩んでいたことなのに、今、笑い飛ばせるのは、**あなたが成長したからこそ。今ある悩みも、過去の自分が乗り越えてきたように、必ず乗り越えられるのです。**

## 未来の自分から〝答え〟をもらおう

心がざわついて迷いが生じたときに、未来の自分なら、今の自分に対してどんな言葉をかけるのかイメージしてみてください。

**「3年後の私なら、今の自分にどうアドバイスするだろう？」** と問いかけると、「急いだほうがいい！」「今、やっておくことが大事！」「ここでチャレンジしなければ一生後悔する！」「あの人を信じて大切にしなさい」……などといろいろなメッセージが得られるでしょう。ぜひお試しください。

# 50
# 言葉のトゲが、グサリと心に刺さってしまったら

心の傷を、早く優しく治す心理セラピー

## 「矢を抜く」動作がとても効く

誰かの言葉に傷ついてしまったら、まず、目を閉じてみてください。

次に、あなたを傷つけた言葉が、矢のように自分の心にグサグサと刺さっているところをイメージします。今度は、その矢を1本ずつ、手で引っぱって抜いていきます。

矢を抜く場面では、実際に矢を手でつかんで抜くような動きをするほうが、頭の中で想像するだけよりも癒しの効果が上がります。ひどい言葉ほど、太くて大きな矢となって突き刺さっており、なかなか抜けませんが、**それでも力を振りしぼって抜いてしまいましょう。**

最後に、抜いた矢を窓から空に向かって放り捨てる動作をします。これでもう大丈夫です。

## 残った小さなわだかまりを一掃するセラピー

まず、まっすぐに立ち、体を前に倒して、手を前にだらりと垂らします。

そして腕や肩の関節に、怒りやストレスといったネガティブな思いが引っかかっている様子をイメージしたら、それを振り払うように体をぐらぐらと揺すってください。

終わったら、関節から落ちてきたネガティブな思いを片づけるイメージで、床を水ぶきしたり、掃除機をかけたりします。

**不思議ですが、この動作をすると自分を傷つけた言葉やトラウマが確実に癒されていき、元気を取り戻すことができます。**

51

# 悲しい記憶は、「あなた」が消す！

頭の中で、何度もリピートさせないために！

## 早く忘れてしまいたいシーンに使える秘技！

イヤな記憶を頭から振り払って、自信を取り戻す心理テクニックを紹介します。

まず、目を閉じて忘れたいシーンがテレビに映っているところを思い浮かべます。

次に、その場面をカラーからモノクロに変換します。そして、その場面をイメージの中でどんどん小さくしていきます。さらにどんどん小さくしていって、米粒ぐらいに小さくしたら、その場面が「消さないで！」とこちらに向かって助けを求めているところをイメージします。それを無視して、あなたはテレビのスイッチを切ってしまいます。

**バチッ！**　テレビを消してその場面が消えたら、目を開けましょう。これで終わりです。

この作業を終えたあとに、その記憶を思い浮かべてみてください。きっと作業する前よりリアルな感じが薄れて、痛みも軽くなっているのではないでしょうか。

## あなたは、悲しい記憶なんかよりも、ずっと強い！

この作業のポイントは、忘れたいシーンが「消さないで！」とあなたに助けを求めているのに、あなたがそれを無視して消してしまうところにあります。

これはつまり、**その場面よりもあなたのほうが上の立場にあること**を、しっかり認識するために行ないます。この作業を繰り返すと、記憶はどんどんちっぽけな過去のものになっていきます。強い自分を取り戻すために、ぜひ試してみてください。

# 52 〝緊張・あがり〟から自由になれる心の持ち方

あがりやすい人ほど、可能性がいっぱい！

## あがったほうが「いい結果」が出るって本当？

人前に出たときに、緊張したりあがったりすることは、一般的には、よくないことと思われています。しかし、そんなことはまったくありません。適度に緊張しているほうが、まったく緊張していないときよりもいい結果を出せることが、心理学的にも証明されています。

面接の場で、緊張しているという理由だけで点数を引かれることはありません。むしろ、場慣れしすぎているほうが敬遠されるでしょう。カラオケで歌うときにすごく緊張している人のことを不快に思う人はいないでしょう。むしろ、ほほえましく思われるでしょう。

## 誰だって、カッコイイところを見せたい！

あがり症については、〝自分を本来の自分よりも、よく見せようという思いが強いからあがる〟などと説明されることがあります。まるで、よく見せたいと思うことが、悪いことのようです。でも、よく見せたいという思いがあるからこそ、人は成長できるのです。

あがりを味方につけるには、「**自分は今、うまくやろうとして燃えている！　緊張していたっていいのだ！**」と緊張感を前向きに受け止めることです。もちろん、プレゼンや発表会の前には、あがって頭の中が真っ白になっても、説明できるくらい練習しておくことは必要です。

# 53 閉ざされた心のとびらを開く〝話の聞き方〟

すれ違いも、ストレスも激減！

## 話を聞いてもらうだけで、心は晴れる

今、あなたの知り合いの中で、好きな人を3人、思い浮かべてみてください。

もしかしたらその人たちは、あなたの話をしっかり聞いてくれる人ではありませんか？

人は誰でも**「自分の話を聞いてほしい」という欲求**を持っています。ですから、自分の話を聞いてくれる人に魅力を感じるのは、ごく自然なこと。

逆にいえば、**あなたが誰かの話をじっくり聞けば、あなたはその相手からとても好かれる**ことになります。オシャベリなことで有名だったある女優さんは、あるときからベラベラと自分の話ばかりするのを我慢して、相手の話をじっくりと聞く練習をはじめたら、すぐに仕

相談したいんですけどー

事のオファーが倍増したそうです。それほど、「聞く」ことの効果は大きいのです。

## 相手にも自分にも、プラスのエネルギーがたまるW効果！

そもそも、「聞」という漢字には「門のように閉じている心のすきまに耳を押し当て、わからないことに耳を傾ける」という意味があり、相手の懐《ふところ》の中に入っていく行為なのです。

そのため、話を真剣に聞いてあげた相手は、「私の気持ちをわかってくれた」と感じて、話を聞いてくれた人に心を開くのです。なぜか、あなたの心を乱してくる苦手な相手がいたら、一度その人の話にとことん耳を傾けてみるといいかもしれません。人に好かれれば物事はうまく運びますし、相手の喜ぶ顔を見れば、あなたの心にもプラスの感情がたまっていくからです。

# 54

# 過去の「大失敗」を未来の輝く宝物に変える言葉

思い出すのも恥ずかしい「痛い失敗」をしてしまったら！

**成功は、失敗からしか生まれないのが真実！**

今でも思い出すたびに恥ずかしくなる昔の失敗やトラブル。

タイムマシーンがあるなら、過去に戻って修正することもできるでしょうが、取り消すことはできないのが現実です。過去の過ちを思い出すたびに後悔して心にマイナスの感情を増やしてしまうのは、もったいない。そんな過去の呪縛から自分を解き放つためにぜひ試してほしいのが、次の言葉をつぶやくことです。

**「それで、私はその体験から何を学んだのだろう？」**

**「あの体験を、これからの人生にどう活かすのか？」**

この2つの言葉には、「過去の後悔」を、「未来の宝物」に変える効果があります。

## こうして「大人の対応」が身についていく

経験から得た学びは強力です。人生の〝道しるべ〟となり、力強く人生を邁進していく助けになってくれます。「失敗をしたお陰で、今後、同じ間違いを犯さないですむ」と考えれば、失敗をしてよかったという嬉しい気持ちにさえなるものです。

失敗体験
失敗してよかった!

そして、「失敗をするたびに賢くなる」と思えば、失敗を恐れないチャレンジ精神も目覚めるでしょう。失敗を失敗としてとらえているかぎり、失敗を宝物にはできません。すべての体験は、あなたに何かを教えてくれています。

55

# スランプ脱出、大作戦！

〝成長の法則〟を知っていれば、心が折れない

## 次にくるビッグ・ウエーブを楽しみにしよう

心理学者B・ハーターは、「何かの技術を習得している途中に、一時的に進歩が止まる〝踊り場〟のような状態にぶつかることがある」ことを突き止めました。

成長過程をグラフにすると、右肩上がりの一直線にはならず、階段のようになります。これを、**「練習の階級説」**と呼びます。わかりやすくいうと、何かにチャレンジしたとき、最初のうちは成長がストレートに結果に現れるのですが、ある段階までいくと、いったん成果が頭打ちになってしまう。そう、いわゆる〝スランプ〟になるのです。でもそこを乗り越えるとまた、ぐんと実力が伸びて、次の踊り場までレベルアップしていけるのです。

## なぜプロは、スランプになると喜ぶのか？

例えば、この成長曲線を知らないスポーツ選手は、踊り場に差しかかったところで、「ああ記録が伸びない、もう自分はダメだ、限界だ」と誤解して、やめてしまうことがあります。

あと少し続ければ、大きな飛躍が待っていたのに！　**スランプがくるということは、まだ伸びるということ。**どんな分野でも、トップに上り詰めた人は、そうしたスランプをたくさん乗り越えてきました。スランプから脱出して飛躍を遂げるには、〝踊り場〟を通りすぎるまで、1歩1歩、とにかく進み続けるしかありません。

人生にも、ダイエットにさえも、〝踊り場〟はあります。めげずに進み続けましょう。大きくジャンプできる日はすぐそこです！

# 56 許すことで、一番ラクになるのは誰？

聖母のように優しく大きなオーラをまとおう

## イヤな経験を許すと、自分が成長できる

大嫌いな人にいわれたことを、ふとした瞬間に思い出してしまい、怒りがわいてきた……。

そんな経験がある人は多いでしょう。

いくら相手が悪くても、思い出すたびにあなたが怒っていれば、心はマイナスのエネルギーでいっぱいになり、あなたが損してしまいます。

幸せになりたいなら、そんな負の感情は手放していきましょう。別に、相手のことを無理に好きになる必要はないですし、親友になる必要もありません。**相手のことを考えても心が波立つことなく冷静でいられれば、それで十分です。**そのシンプルな方法を紹介しましょう。

## 許せない人を、許せるようになるフレーズ

**「私は○○さんを許します。あの人が、私にイヤな思いをさせてくれたおかげで、ああいうことをいったら人に嫌われるということがわかりました。いい勉強をさせてくれました」**

憎らしい人の顔が思い浮かんだら、こうつぶやいてみてください。最初は、心がついていかないかもしれませんが、声に出すだけでもいいのです。気持ちはあとからついてきます。

「許す」という行為には、すべてを浄化する大きなプラスのパワーがあり、いろいろなことを許していくうちに、**あなたの器がどんどん大きくなっていきます**。やがてあなたは「徳のある人」となり、多くの人に慕われ、愛される人となります。

## 57

# 人類最大の欲求「安心感」を、自分にあげる

一日中、気を張っている人へ

### 1日1回は、癒しタイムを！

「嬉しい」「楽しい」「ありがたい」「気持ちがいい」「スッキリした」「ツイてる」などといった**ポジティブな感情の中でも、とくに、プラスのエネルギーが強いのが、「ほっとする」とか「安心できる」という安らぎの感情**です。

人は原始時代、「敵や獣に襲われるかもしれない。食べ物が手に入らないかもしれない」という緊張や、その日一日を生き抜けるかどうかという危機感を常に抱えて生きていました。

そう、太古の昔から人が求め続けてきたものは、「安心感」だったのです。

ですから、ほっとできる習慣を持つのは、心を整えるのにとてもいいのです。

## 不安で縮こまった「命」をのびのびさせよう!

では、私たちがふだん、安心感を得るためには、何をすればいいのでしょう?

**一番シンプルで簡単な方法は、家族や恋人に抱きしめてもらうことです。** 赤ちゃんがお母さんに抱っこされると安心してスヤスヤ眠るように、大人も抱きしめられれば、本能的に安心感を得るのです。抱きしめてほしいなんて、恥ずかしくて頼めないとか、抱きしめてくれる人がいないという人は、自分で自分をハグしてみましょう。それでも十分な効果があります。

「今日もお疲れ様、よく頑張ったね」といいながら腕をさすってみてください。大きく深呼吸したくなったら、心と体がゆるんだサインです。

58

# 旅に出て、スカッと心の洗濯を！

重要な決断をするときは、心の声を聞く時間を作る

## 騒音にかき消されている自分の声を聞こう

ある女性は、恋人と別れるかどうか半年以上も悩んでいました。

彼とは、彼女のほうから告白して付き合いはじめたのですが、いざ付き合ってみると、約束をすっぽかしても謝らなかったり、彼女を強く束縛したりする自分勝手な性格が気になりはじめました。

でも、彼女はあまりモテるほうではなかったので、「彼と別れたら、ずっとひとりかも。彼も、いずれ変わるだろう」と期待して、結婚を視野に入れた同棲をはじめました。

ところが、一緒に暮らしてみると、彼のわがままはエスカレートするばかり。最近は一緒

にいるのがつらくなっていました。親友にも「もっと優しくて素敵な人なら、いくらでもいるじゃない！」といわれますが、ふんぎりがつきません。

そんなとき、街でオーストラリア旅行のパンフレットを目にした彼女は、彼に相談することなく、行くと決めました。家にはいつも彼がいましたし、会社では常に同僚と一緒だったので、ひとりきりで何日も過ごすのは、本当に久しぶりでした。

オーストラリアの大自然に触れたとき、彼女は感じました。

「私は自由に生きたい。価値観が合わないとわかっている彼に執着するのはもうやめよう。それでひとりになって寂しい思いをしたってかまわない」

帰国後すぐに彼に別れを告げたところ、彼女は心から「別れてよかった」と思えたそうです。**ひとり旅に出ると、様々な「しがらみ」から心が解放されて、自分の本当の気持ちが見えてきます。**

59

# 「水」と「大地」の強力な浄化パワーを借りる

なんだか調子が悪いときの奥の手！

## 水を使った、心と体の浄化法

「もう、考えるのはよそう」と決めたのに、何度もつらい記憶がよみがえってくる。そんなときは、〝水で手を洗う〟という心理セラピーを試してください。ポイントは、ドロドロした感情が指先から流れ出ていくところをイメージすること。ドロドロした感情が洗い流され、下水管に吸い込まれていき、川に注がれ、最後は海の中に消えていくところをイメージすると、素晴らしい爽快感が得られます。

また、「今日はイヤな人と会った」「なんだか異常に疲れた」と感じた日は、**お風呂で湯に塩や日本酒を入れて浸《つ》かる**といいでしょう。バスタブに、塩なら手のひらに山盛り1杯、お

酒ならコップ1杯を入れます。昔から塩や日本酒は、土地などを浄化するのに使われてきました。
塩にも酒にも肌をツルツルにする美容効果があり、化粧品によく使われています。古くから使われてきたものには、心も体も浄化するパワーがあるようです。

## 土による心の浄化法

大地はプラスのパワーが強く、たまったマイナスの感情を細胞の中から根こそぎ、かき出し、プラスのエネルギーを与えてくれます。土や芝生、砂浜に寝転がって、**「マイナスの思いは土の中に吸い込まれて消えた。今からは、楽しいことだけを考えられるようになる」**と念じてみましょう。気持ちがスーッと軽くなっていくのを感じるはずです。

自然に触れることで、忘れかけていた心穏やかな〝本来の自分〟に立ち返れるのです。

60

# 〝つらい思い出の品〟は、サッと捨てて厄払い！

写真、プレゼント、メールを取っておくのはよくない!?

## 古いものに執着していたら、新しい宝物は入ってこない

ある服飾メーカーに勤める女性は、デザイン専門学校時代に憧れの先輩に告白して、「悪いけど、君は僕のタイプじゃないんだ。ゴメンね、付き合えない」とハッキリ断られて以来、恋愛に臆病になってしまいました。好きな人ができても、そのときのショックがよみがえってきて、アプローチするのが怖くなってしまうのです。

「このままでは、いつまでたっても恋人ができない」と思った彼女は、あるとき、過去のつらい記憶を全部捨てる決心をしました。

いったい何をしたかというと、専門学校時代の写真を全部捨てたのです。写真のほか、先輩に告白したときに着ていた服も靴もバッグも、アクセサリーも、先輩からのメールも、アドレスも、とにかく全部処分しました。そして、それらを捨てるときに心の中で、**「古い思い出よ、さようなら。私は幸せになります」**といって別れを告げました。それによって新しいステップを踏み出す気力がわいてきたといいます。

お母さん！私が捨てた服着ないでよ！
元カレとのデートで着たやっ

## 1つ捨てれば、1つ幸運が入ってくる

自分では、すっかり立ち直って大丈夫なつもりでいても、過去のつらい経験を思い出させる品が視界に入ると、そのたびに無意識に、マイナスの思いが心に蓄積されていくものです。そうした品物を思い切って処分すると、憑《つ》きものが落ちたように気持ちがスッキリすることがあります。

いらなくなった古いものに、サヨナラする行動を起こしてみましょう。

61

# 何をしてもうまくいかない低調な時期を、どう過ごせばいい？

「じっとしている」という気持ちの回復法もある

## 憂鬱な気分にならない人は、いない

人間の感情や体調にはバイオリズムがあります。ですから、いつも気分がよくて元気なときばかりではありません。理由もなく気持ちが沈むことは、誰にでもあるのです。

実は、そんなときの対処法がとても大切です。プラスの感情にこだわるあまり、「このままではマイナスの感情がたまってしまう。私ってダメな人間だ」などと考えれば、さらに落ち込むだけ。

そんな日は、**「まあ、バイオリズムが下向きな日もあるさ」**とありのままの自分を受け入れるのです。それで、少しでも気持ちがラクになれば十分なのです。

62

# 自分へのご褒美は、「もの」より「思い出」がおすすめの理由

結局、物欲に振り回されている？

## その経験には、永遠の価値がある！

頑張った自分へのご褒美に服やバッグを買う人は多いでしょう。しかし、「物欲」というのは満たされている時間が短いのです。ところが、「もの」ではなく、「楽しい経験」なら、心が満たされる効果は一生続きます。ご褒美には、ぜひ「楽しい経験」を選びましょう。

例えば、「飛びっ切りの衣装をまとって記念写真を撮る」「田植えの体験教室にいってみる」「世界遺産巡りをする」など。また、仕事で役立つなどの実用面は気にしないで、**「いつもならしないけれど、今日は特別♪」というワクワク感を伴う経験**のほうが、末長く心をプラスにしてくれます。

63

# 自分の価値が10倍上がる“ピグマリオン効果”

自己暗示をかけて、さらに強くなろう！

## ピグマリオン効果は、こんなにすごい！

ある実験を紹介しましょう。まず、偏差値がほとんど同じ小学生たちをたくさん集め、2つのクラスに分けました。そして片方のグループには、「このクラスの成績はとてもいい」とほめ続け、もう片方のグループには、「このクラスの成績はよくない」といい続けました。

すると、「成績がいい」といわれ続けたクラスの子の成績はぐんぐん伸びていき、反対に「成績がよくない」といわれ続けたクラスの子の成績は、どんどん落ちていったのでした。

それぞれ、先生がかけた暗示通りの成績になっていったのです。心理学では、そのような現象をピグマリオン効果といいます。

## 学習力も、運動能力も、ほめれば伸びる！

ピグマリオン効果からもわかるように、現実はどうであれ、人の心は、ほめられると元気になります。強くなります。

ですから、いつも周りからほめられている人は、自分の価値を信じているので、ちょっとくらいけなされても傷つきません。

「あの人は、本当の私をわかっていない。私はダメ人間じゃないから、全然気にしな～い！」と、軽く受け流せるのです。

**実は、自分で自分をほめることにも、人にほめてもらうことと同様に、ハートを強くする効果があります。**

さらには、自分がほめた通りに実際に自分の価値が上がっていくという嬉しい効果もあります。

「私は逆境に強い！」

「私はポジティブ！」

こんなふうに元気が詰まった言葉を自分にプレゼントすれば、本当に、そのような強くポジティブな自分に変わっていきます。


（了）

# 気《き》持《も》ちを整理《せいり》すると「いいこと」がいっぱい起《お》こる！

著　者——植西　聰（うえにし・あきら）

発行者——押鐘太陽

発行所——株式会社三笠書房

〒102-0072 東京都千代田区飯田橋3-3-1
電話：(03)5226-5734（営業部）
　　：(03)5226-5731（編集部）
http://www.mikasashobo.co.jp

印　刷——誠宏印刷

製　本——若林製本工場

編集責任者　本田裕子
ISBN978-4-8379-2598-9 C0036

T50031